De: El Padre
A: los padres

De: El Padre
A: los padres

Guía práctica para ser el padre
que Dios demanda

Olga Quiroz

Número de Control de la Biblioteca del Congreso de EE. UU.:   2013901720
ISBN: Tapa Blanda   978-1-4633-5053-6
                         Libro Electrónico   978-1-4633-5052-9

Fecha de revisión: 06/03/2013

Para realizar pedidos de este libro, contacte con:
Palibrio
1663 Liberty Drive
Suite 200
Bloomington, IN 47403
Gratis desde EE. UU. al 877.407.5847
Gratis desde México al 01.800.288.2243
Gratis desde España al 900.866.949
Desde otro país al +1.812.671.9757
Fax: 01.812.355.1576
ventas@palibrio.com
445869

Índice

Agradecimientos

Primero que nada quiero agradecer a Dios quien en su misericordia me hizo darme cuenta de mi rol como hija, de lo difícil que es ser padre, y sobre todo por que nunca me ha dejado sola

En segundo lugar quiero agradecer a mis padres quienes me enseñaron el camino de Dios, quienes me enseñaron como tener esa comunión con el y a todas las personas quienes también han sido mis maestros en este crecimiento espiritual.

También quiero agradecer a mi hermano quien me enseño a no rendirme y que de la mano de Dios todo es posible.

Introducción

Desde que los hijos nacen hasta que se casan y aun mas allá de estas etapas los padres siempre se sienten responsables por los hijos, siempre quieren lo mejor para ellos pero en muchas ocasiones dejan de lado los pequeños detalles como la formación de carácter, de autoestima, de personalidad, estos pequeños detalles que a largo plazo son la base de fundamentación para la persona que serán.

Nosotros como ciudadanos nos quejamos siempre de la corrupción e incompetencia de las autoridades que tenemos sin darnos cuenta que en casa tenemos a las futuras autoridades y que estamos dejando de lado la formación de ellos queriendo evadir responsabilidades al creer que en la escuela o en la iglesia les formaran los valores y principios que requieren para ser buenos ciudadanos.

El moldeamiento de la mente y corazón de los hijos es responsabilidad única y exclusivamente de los padres pero como actualmente es casi imposible dedicarles tiempo pues esa responsabilidad pasa a otras personas pero lamentablemente a nadie le interesa dedicar tiempo y esfuerzo en la formación de valores por lo que solo se preocupan por la seguridad. Es triste ver a los padres de familia dedicar más tiempo a la televisión o a "descansar" que dedicarles tiempo a sus hijos para impartirles, para difundirles, para enseñarles las cosas más importantes que ellos necesitan para poder ser esas personas que algún día necesitaremos de ellas.

Este libro es escrito por una hija que desea que los padres se den cuenta de cuan importante es el ejemplo, es el modelo que ustedes dan, para que nosotros seamos personas de cambio, seamos personas dispuestas a mejorar, seamos personas de servicio, seamos personas de principios y valores, seamos personas desarrollando el papel mas importante el de Hijos de Dios dispuestos a obedecerle.

Este libro esta dedicado a los padres quienes en su ocupado horario han decidido dedicar tiempo y un esfuerzo para formar a sus hijos en los principios y valores correctos, a aquellos padres quienes han decidido hacer algo que cambiara las cosas, aquellos padres quienes verdaderamente les preocupa formar a los hijos en los principios y valores correctos, en los caminos de Dios.

Este libro es simplemente una guía para que como padres conozcan el corazón de los hijos, para que conozcan las necesidades de los hijos, para que comiencen a preocuparse por conocer a sus hijos y de esta manera formarlos para que puedan crecer y funcionar como lo que son unos hijos de Dios, unos instrumentos de El, pero sobre todo para que conozcan lo que espera Dios de ustedes como Padres.

Cap. 1

¿Qué es ser padre?

La palabra padre se refiere a cabeza de familia, progenitor, fundador o protector.

Cada creyente en Dios lo llama "padre" por que somos creación suya, El nos protege, El nos apoya, El nos provee, El nos dirige, El esta al pendiente de cada uno de nosotros, El sabe lo que necesitamos y cuando es oportuno darnos, El es un ejemplo de padre ya que son los padres quienes son responsables de instruir y formar a los hijos, deben de tener en mente que sus hijos son instrumentos de Dios tanto para que sean formados hasta que también sean formadores, muchas veces Dios utiliza a los hijos para moldear a los padres, por esto siempre se debe estar en relación con Dios para saber que es lo que quiere de nosotros.

La palabra hijo se refiere a la persona procreada, que requiere cuidado, protección, formación y provisión.

Estas dos definiciones de Padre e Hijo nos aclaran el por que llamamos a Dios padre y por que El nos llama hijos, El cubre el significado de padre, El nos ha creado, nos ha protegido, formado y proveído y nosotros cubrimos el rol de hijos. A todos los que creemos que esto es verdad nos llaman hijos de Dios y si El cumple su función nosotros como hijos debemos de cumplir nuestra parte que es la obediencia y la formación de otros hijos.

Los hijos de Dios que se deben de formar deben ser hijos llenos de fe, dispuestos a obedecerle, que tengan la sabiduría de El, que no duden de El, que sepan escucharle. Si como adultos muchas veces creemos que estamos "alucinando" cuando oímos a Dios, ¿será posible enseñar a los hijos a que lo escuchen y mucho mas aun a que lo obedezcan?, El claramente nos dice que constantemente esta hablando, que El nos manda instrucciones claras precisas y sin duda, así como le dio a Noé las instrucciones para el arca, así El nos manda las instrucciones para nuestra vida y esto puede ser a través de los hijos o de otras personas que nos rodean pero debemos ser sabios y obedecerle, si los padres hicieran esto, tomaran su tiempo para oír a Dios y lo obedecen será mucho mas fácil transmitirlo a los hijos, recuerden que los niños aprenden mejor con el ejemplo, con el modelo mas que con palabras, aunque toda instrucción debe venir de un corazón puro, de una buena conciencia y de una fe sincera a Dios, sin esto son solo palaras vacías.

Todo lo que los padres hagan o digan se reflejara en los hijos, por lo que si ustedes padres no se sujetan a

Dios, sus hijos no se sujetaran a ustedes, si ustedes no quieren escuchar a Dios, sus hijos no querrán escucharlos a ustedes, todo es reflejo de todo, nuestra casa es reflejo nuestro, los hijos son reflejo de los padres y se supone que nosotros somos reflejo de Dios pero nuestra necedad nos ha empañado y hemos tergiversado a Dios, ahora nos da la oportunidad de limpiarnos y reflejarlo de manera correcta.

Todos como hijos de Dios nuestro propósito es expresarlo, nuestro propósito es darlo a conocer y lo tenemos que dar a conocer a través de nuestros hijos y nuestros hijos a sus hijos, así es como de generación en generación iremos creando un mejor sociedad, iremos resolviendo cada uno de los problemas que actualmente degenera nuestro estilo de vida, donde por pena ocultamos quienes somos queriendo encajar en esta sociedad olvidando que nuestra verdadera naturaleza es la de Dios y esa es la que debemos expresar diariamente hasta que se vuelva normal, como debe de ser.

En la actualidad es muy difícil al menos en los jóvenes que sus compañeros sepan que son creyentes, a la mayoría les da vergüenza que se enteren que asiste a una iglesia, que cree en Dios por que empiezan las burlas sobre la forma de actuar, sobre las prohibiciones que su religión hace, los chistes sobre hermanos y esto daña mucho la autoestima del niño, comienza a no querer ir a la iglesia, a aborrecer la biblia, el niño quiere ser como todos sus compañeros, comienzan a querer ir a las fiestas o a bailar en ellas pero en muchas ocasiones el niño no puede ir a una fiesta o bailar por que su religión lo prohíbe y esto hace sentir mal al niño, pero si desde muy pequeños le reforzamos su autoestima, le aclaramos quien es, les enfatizamos cual es su verdadera naturaleza ellos sabrán como manejar estas situaciones, no se dejaran amedrentar o no sentirán rechazo hacia Dios.

Hoy en día muchos padres se despreocupan por la educación que están recibiendo sus hijos tanto en la escuela como en casa ya que nunca se encuentran, dejan a sus hijos en manos de abuelas, nanas, parientes, sus hermanos o de plano los dejan solos, por esto hoy los niños se han visto en la necesidad de madurar antes de tiempo, de tomar decisiones que no les corresponden antes de tiempo, por esto tenemos muchos embarazos en adolescentes, muchos adolescentes alcohólicos y/o drogadictos, adolecentes con problemas de identidad, buscando un propósito, buscando a donde pertenecen y esto pasa cuando los padres tampoco encuentra su propósito, pasa cuando los padres quieren vivir sus vidas a través de los hijos o quieren someter a sus hijos a las mismas vidas que ellos desperdiciaron, impartiendo miedo, frustración, desanimo, incompetitividad e inseguridad, los hijos solo quieren confianza, apoyo, formación, instrucción para encontrar quienes son, para encontrar su propósito, estoy segura que si los padres impartieran todo esto, nos olvidaríamos de embarazos adolescentes, de uso de drogas, de alcohol, de suicidios y de muchos otros problemas que aquejan a la sociedad actualmente, tal ves muchos piensen que esto es una utopía o que es algo que jamás alcanzaremos a ver y si probablemente muchos de nosotros no lo alcancemos a ver, pero eso que importa, lo que importa es que las generaciones siguientes a las de nosotros no se enfrenten a estos problemas, si no que vivan mucho mejor que nosotros, tan solo tómense un tiempo para imaginar como seria el mundo en tal ves 2 o 3 generaciones, si los padres en esta generación comienzan a impartir un propósito para sus hijos, una formación e instrucción donde sepan cual es su verdadera naturaleza, donde tengan esa cercanía con Dios, donde puedan escucharlo y lo obedezcan y estos ahora hijos cuando se conviertan en padres puedan impartir esta misma instrucción y formación y así vayan sucesivamente y lo mejor es que estos hijos pueden influir en mas personas aparte de sus familias, piensen en un efecto doppler que es como la piedra que tiras al rio y se hacen ondas, así somos cada uno de nosotros, somos piedras que pueden ser ejemplo, que puede llevar esa luz que el mundo necesita, que sirve de sal para llevar sed de Dios, que sirve de espejo del gran amor de Dios, hoy en día existe tanta publicidad sobre salvar al planeta, sobre que cada uno de nosotros puede hacer la diferencia, ahorrando energía, reciclando o bien haciendo buenas acciones, dar un poco de lo que tenemos, regalando un sonrisa, etc..

Tal ves muchos de nosotros olvidamos que estas acciones deben de ser parte de nuestra conducta básica, deben de ser acciones que se hacen con el mínimo esfuerzo por que son buenas para nosotros, pero si analizamos bien las conductas que Dios nos pide, si requieren un poco mas de esfuerzo, pero son de mas beneficio para nosotros que cualquier conducta que la sociedad crea buena.

Muchos hablan de los grandes personajes que han impactado al mundo ya sea por su inteligencia, por su amor hacia los demás, por su arte, por su sacrificio, en fin por muchas cosas que la mayoría de nosotros jamás nos atreveríamos a hacer o a dejar o si quiera a intentar, menospreciamos los talentos que el gran creador nos ha regalado, estoy completamente segura que si confiáramos en Dios la mitad de lo que confiamos en nuestras posesiones o posiciones y aceptamos obedecerle tendríamos mucho mas impacto que aquellas personas que solo siguieron su instinto.

Como hija y como hija de Dios he desperdiciado muchas oportunidades para desarrollar mis talentos, he desperdiciado tiempo queriendo complacer a gente que siempre demanda cada vez mas, ahora se que al único que debo complacer es a Dios, el mundo siempre estará en contra de El, pero El nos tiene a nosotros sus hijos para prestar nuestros oídos a su voz y no al mundo, espero en Dios que ustedes padres le pidan sabiduría a El para saber llevar por el camino correcto a sus hijos, que les enseñen cuales son los verdaderos principios y valores, como hija valoro mucho el que mis padres me hayan enseñado el camino de Dios, porque con El jamás estuve sola, mis padres tal ves no estuvieron en mi crecimiento, pero Dios si estuvo, tal ves mis padres no impartieron seguridad o estabilidad pero Dios si lo hizo, yo soy quien soy gracias a El y como dice una gran canción sin El nada tiene sentido.

Nuestra labor como adultos, como padres es representar e impartir el amor y la sabiduría de Dios en cada una de las personas que nos rodea, no importando si recibimos algo a cambio, solo debemos ser espejos de Dios, nuestros oídos, nuestra mente y corazón deben estar dirigidos a Dios y no en lo que las personas esperen de nosotros, nuestra prioridad debe ser el complacer únicamente a Dios, tener nuestros oídos abiertos y nuestro corazón dispuesto para obedecerle, tal vez El use gente desconocida o algo de su creación para edificarnos y cada enseñanza que El nos da es nuestro deber impartirla a todos aquellos que se encuentre a nuestro alrededor, toda la sabiduría que Dios ponga en nosotros es para compartirla, es para impartirla, es para que entre nosotros haya una edificación, haya un crecimiento, recuerden que para Dios no hay posiciones, no existe un estatus, Dios usa a quien tenga sus oídos abiertos y su corazón dispuesto.

Cuando descubres que vas a convertirte en padre o madre te invade una gran felicidad pero cuando te invade el miedo por pensar como lo educaras, como lo mantendrás, todos a tu alrededor te comienzan a llenar de información, de consejos, de experiencias que ellos pasaron, tus padres comienzan a recordarte las historias de cuando tu eras bebe y todo lo que hacías, por todo lo que ellos pasaron para criarte. En muchas ocasiones esas experiencias te ayudan para ir descubriendo este nuevo rol, vas buscando información por ti mismo, vas creando tu propia guía conforme lo que vas aprendiendo y esto no es malo pero vas olvidando una excelente guía para la educación y formación de tus hijos.

El miedo que sientes, la inseguridad que te invade te hace olvidar el que debes prepararte para algo mas que cambiar pañales, enseñar hablar y comer, al ir pasando el tiempo vas dejando la verdadera educación a las personas que van rodeando a tu hijo como maestros, pastores, abuelos, niñeras, etc. Como padre/madre te conformas con suplir sus necesidades económicas o si te preocupa un poco llegas a interesarte en sus deberes escolares, pero de ahí no pasa, en ocasiones los demás deberes consumen todo el tiempo del que se dispone y muchas de las prioridades son cambiadas debido a la situación ya sea económica o social, por que los roles son alterados y se dejan de lado muchas de las tareas de cada rol.

Muchas parejas piden a Dios un hijo sin siquiera estar preparados, buscan tener un hijo pensando solo en ellos, en sentirse realizados como pareja, pasan meses o incluso años queriendo tener un hijo para poder presumirlo al mundo olvidando que esa persona que va a nacer tiene necesidades no solo económicas, también necesidades espirituales, emocionales y psicológicas. En lugar de pedir a Dios un hijo pidan convertirse en buenos padres, pidan la sabiduría para saber guiar a ese niño o niña que El les pueda dar.

Actualmente en varios países se ha implementado la escuela para padres donde te dan instrucciones para prevenir la drogadicción, embarazos prematuros, deserción de la escuela, escuchar a tu hijo, etc, pero esa enseñanza es solo lo básico de ser padre, Dios ha dado las expectativas de lo que El quiere de los padres, Dios no quiere que le enseñes a tus hijos como usar un condon quiere que le enseñes que debe esperar al matrimonio, El no quiere que tengas a tu hijo encerrado para limpiarlo de las drogas quiere que lo valores y lo enseñes a valorarse para que no las consuma, El no quiere que formes hijos temerosos de la sociedad, quiere que formes hijos que puedan influir en la sociedad, Dios quiere hijos que lo expresen hasta en cada pequeño detalle de su conducta.

Cuando Dios te da un hijo no es para que le enseñes el camino a la iglesia o le presentes un pastor, si Dios te da un hijo es por que quiere que lo eduques en su camino, que le reflejes su amor y le enseñes a que ame a Dios sobre todas las cosas, quiere que le inculques que con Dios todo es posible y si lo obedece su vida tendrá un propósito, mas bien tu hijo entenderá cual es su propósito. Cuando Dios te da un hijo es por que quiere que formes un instrumento para su reino, quiere usar a ese niño/a, El quiere que lo prepares para que pueda usarlo, para que El pueda actuar a través de el, así como El usa cualquier ser de su creación para darnos instrucciones así quiere usar a cada uno de sus hijos para darlo a conocer, para que lo expresen. Aunque esta es un responsabilidad enorme Dios ha dejado las instrucciones para poderla cumplir, basta con que se desee conocerlas y seguirlas para poder cumplir el propósito que Dios a dejado a los padres.

Como padres en cada etapa de su hijo se van a cometer errores, pero escuchando a Dios se pueden corregir de la manera correcta, en muchas ocasiones sobre todo los padres primerizos tienden a sobre proteger a sus hijos y no dejan que el niño se desarrolle de la manera correcta, es necesario darles un espacio, dejarlos descubrir el mundo que los rodea, pero lo mas importante es ayudarles a encontrar el camino de Dios, es enseñarles el amor a Dios, la devoción a Dios, enseñarles que se debe escuchar y sobre todo obedecer, si como padre se lograr enseñar a los hijos desde que son pequeños, al ir creciendo va aumentando su madurez, va aumentando su conocimiento de Dios y sobre todo aumentara su amor por El. Se debe explicar a los hijos que la sabiduría trae inteligencia y que el aumento de conocimiento es lo que trae sabiduría y si este conocimiento es de Dios cuan mayor será su sabiduría acerca de la voluntad de Dios.

Muchos padres incluso si son pastores tienden a creer que el amor a Dios nace de la nada, creen que con llevar a sus hijos a la iglesia ya se cumplió el propósito, o creen que su propio amor por Dios se transferira a sus hijos por osmosis o que cuando estén listos Dios los llamara y si, esto ultimo es verdad cuando sus hijos estén listos Dios los llamara pero lamentablemente cuando Dios hace un llamado la mayoría no esta listo, cuando El hace el llamado apenas se comienzan a prepar para servirlo o de plano no lo escuchan por que no han sido preparados, es responsabilidad de los padres preparar a los hijos para cuando Dios los llame, el amor a Dios debe ser transferido a través de lo padres, los padres tiene la responsabilidad de transmitir la sabiduría que tienen de Dios, el amor que tienen a Dios y no basta con que ustedes se pasen horas en la iglesia o se llenen de actividades de la iglesia por que en muchas ocasiones esto pasa, se olvidan de su responsabilidad de casa y pasan horas en la iglesia o en actividades de la iglesia o en su rol de algun puesto de iglesia y se olvidan de la formación de los que están en casa, se olvidan de dedicar tiempo a la familia para juntos aprender de Dios, se olvidan de transferir la sabiduría de Dios a las personas de las cuales son responsables.

Cada miembro de la familia tiene su rol, los padres tienen doble responsabilidad por que les toca aprender y enseñar mientras que a los hijos les corresponde aprender, pero dentro de aprender esta el investigar, preguntar, meditar y sobre todo implementar, claro que muchas de estas acciones no se pueden hacer a todas las edades, hay una etapa para todo, pero la responsabilidad de los padres es en todas las etapas del crecimiento de los hijos, por eso es muy importante la preparación de los padres, desde preparación física hasta psicológica no olvidando la mas importante que es la espiritual. Si uno antes de intentar engendrar un hijo comienza la preparación espiritual, pidiendo sabiduría para saber formarlo, para saber enseñarle el camino de Dios, para inculcarle el amor a Dios, cuando llegue el momento, cuando se este esperando un hijo, se estará listo para educarlo, para formarlo, para enseñarle quien es el y cual es su propósito, logrando así que su hijo/a llegue a ser un hijo de Dios útil a El.

Aunque para lograr que esto ocurra es un proceso largo donde es importante ganarse el corazón de los hijos para lograr moldearlo y atraerlo hacia el corazón de Dios, como mencione anteriormente ser padre no es sencillo y siguiendo el camino de Dios menos, pero El nos ha preparado para eso así que se debe empezar por autodescubrirse, descubrir los talentos y dones con los cuales Dios los a capacitado, se debe empezar por establecerse en su rol de hijos de Dios, por tener esa comunicación con Dios hasta que puedan escuchar las instrucciones que El da, las obedezcan y reflejen su verdadera naturaleza. Si como padres logran esto entonces sabran como formar a su hijo como hijo de Dios, ahora el paso siguiente es ganarse el corazón de su hijo para que haya una verdadera transferencia de sabiduría de Dios, para que las instrucciones que deben darle se vayan estableciendo en su corazón, para ganarse el corazón de su hijo debe ir descubriendo cuales son los talentos que Dios le dio, debe ayudarle a desarrollarlos, debe darle también confianza tanto en usted como en el mismo, debe dejarle saber que puede confiar en usted, que siempre estará ahí para el, cuando su hijo llegue a una etapa donde comiencen los secretos y a usted le dice algo no lo diga a menos que su hijo este de acuerdo, nunca menosprecie los problemas de su hijo, siempre deles la importancia que su hijo les da, cuando vaya a platicar con su hijo escúchelo, es decir toda su atención debe estar en su hijo en lo que el le dice para que pueda intervenir si es necesario, para que pueda darle instrucciones correctas si es que las necesita, debe hacerlo no olvidando que usted es el medio para que su hijo conozca a Dios, ahora sigue moldear su corazón, es decir irlo acercando a Dios, comenzar a enseñarle a escucharlo y a obedecerlo, todo esto requiere de tiempo, paciencia y sabiduría, por eso la importancia de su comunicación con Dios, todos estos pasos se establecen mejor en los hijos en los primero años de vida, pero mientras su hijo lo siga escuchando no importa la edad, lo que importa es que encuentre el camino de Dios. En capítulos mas adelante explico mejor lo que es el moldear el corazón.

Cuando al fin los hijos encuentran el camino de Dios, cuando comienza a escucharlo y obedecerlo, el trabajo de los padres es mucho mas ligero, por que ahora la única labor es mantener a los hijos en esa búsqueda, y ¿Cómo se logra esto? pues siguiendo siendo ejemplos y si ve que puede ser piedra de tropiezo entonces se debe aferrar mas a Dios, como padres no se debe permitir que los hijos se alejen de Dios, no puede ser usted el que haga que su hijo se decepcione de Dios, su papel es ser ejemplo, es ser reflejo del amor de Dios.

Cap. 2

Aprendiendo a ser hijos para ser padre

Como sabemos expresar a Dios no es nada sencillo, ser hijos de un ser perfecto para los humanos es casi impensable olvidando que ese ser perfecto viven en nosotros, que El nos ha capacitado para lograr llegar a la perfección, El nos ha dejado las instrucciones para lograrlo lo único que debemos de hacer es seguirlo, debemos quitar de nuestra mente que sabemos mas que El o que debemos ayudarlo, El no necesita nuestra ayuda, solo necesita nuestro corazón dispuesto y nuestra mente alineada a su voluntad para poder fluir a través de nosotros.

En ocasiones se exige a los hijos algo que como hijos ahora padres nunca hicieron, recuerda esa frase que su madre decía, el día que tengas hijos entenderás pero esas palabras nunca las recordamos, los hijos por otro lado exigen hacer las cosas que en su época de juventud usted hizo pero que con el tiempo se arrepintió y ahora no quiere que sus hijos cometan esos errores pero la necedad del hijo es tan grande que puede terminar haciendo algo peor, con esto no quiero decir que lo deje hacerlo, mas bien quiero decir que es necesario que le explique el porque no debe, que amplié su panorama para que vea las consecuencias no solo instantáneas sino también futuras debido a que cada acción que realizamos tiene consecuencias tanto buenas como malas y todo esto es debido a que cada decisión errónea o acertada es una enseñanza que nos ayuda a llegar a los estándares de Dios, que para nuestra carne son altos pero para nuestra espíritu son alcanzables, recuerden nuestra apariencia exterior no marca quienes somos, para el mundo lo que creemos y pensamos marca quienes somos, pero para Dios es nuestro corazón lo que lo hace, como dice sabiamente en Mateo 12:34 "de la abundancia del corazón habla la boca" y si dice creer en Dios y que le ha entregado su vida, entonces su corazón también es de El y debería estar lleno de su sabiduría y si no es así, si aun se deja gobernar por sus emociones, si aun siente rencores pasados, si aun no perdona ni olvida los malos momentos entonces usted aun no alinea su corazón con el de Dios, aun no ha permitido que actué en y a través de usted. Todos esos rencores que usted almacena los transmite a sus hijos consiente o inconscientemente, por que ese odio los expresa a sus hijos o lo proyecta en ellos, por lo que crea en el corazón de su hijo resentimiento tanto como a la persona de quien siente usted rechazo como hacia usted por depositar en el sus frustraciones, la mayoría de los padres comete este grave error, en ocasiones es sin querer que salen de su boca comentarios despectivos contra otra persona que le hizo daño delante de sus hijos, en otras ocasiones es por que no encuentra con quien descargar su ira y platica con su hijo o lo agrede, por esto es importante que encuentre una manera mas saludable de descargar sus emociones negativas, si su manera es hablando busque una personas con la madurez para saber manejarlo, si es gritando, grite donde este solo, donde no pueda dañar a nadie, todo esto es por protección de su hijo.

¿Alguna ves como padre se ha sentado a leer la biblia con su hijo?, ¿se ha tomado el tiempo para explicarle como leer la biblia? ¿Cómo extraer enseñanza? ¿Como aprender la voluntad de Dios? ¿Cómo aplicar toda la enseñanza a la vida contidiana?, si nunca se ha tomado el tiempo para esta explicacion a su hijo ¿Cómo espera que el conozca a Dios? ¿Cómo cree que el se va a acercar a Dios? ¿Cómo va a empezar a tener una relacion con El?, como se ha mencionado antes los niños son hojas en blanco y depende lo que usted como padre o madre escriban en el, eso sera como adulto, si usted quiere que sus hijos tengan una relacion con Dios entonces usted debe inculcarles el buscarlo, el aprender de El, debe inculcarles ese amor hacia Dios, debe despertar su deseo por conocer a Dios, no se quede solo en la enseñanza de su iglesia, lo que su hijo ve en la escuela dominical es solo una parte de lo que debe conocer sobre Dios, la mayor parte de su conocimiento de Dios debe venir de ustes como su autoridad, como su ejemplo, muchos se quedad en la comodidad de que lo que aprenden en las reuniones de iglesia es suficiente pero la realidad es que no, que los hijos desean y necesitan verlo aplicado en casa, si esto no ocurre, si los padres no expresan lo aprendido de Dios en sus vidas cotidianas entonces lo unico que lograran sera alejar a su hijo de Dios, ustedes como padres son los mejores modelos a seguir. Usted si fue hijo de padres cristianos y nunca vio a Dios en sus padres, entonces sabe la necesidad de su hijo ahora, sabe que tarde o temprano querra alejarse de Dios, querra separase de sus padres y buscar su camino lleno de consecuencias en su mayoria dolorosas, asi que esta a tiempo para cambiar, no le heche la culpa a Dios, de lo que usted sufrio, eso solo es consecuencia de malas decisiones, pero con su hijo Dios le ha dado la oportunidad de corregir, de volver al camino de El.

Cuando ocurre algo que no nos gusta, algo que es malo para nosotros tendemos a hecharle la culpa a Dios, nos enojamos con El y le reclamamos el por que no esta con nosotros, el por que permite que nos pasen esas cosas, lo que no queremos entender es que esas cosas son consecuencias de nuestras propias decisiones y que El esta con nosotros sufriendolas, recuerdan la historia de los amigos de Daniel en el horno de fuego, relean esa historia y veran que Dios estuvo con ellos, cuando vieron dentro del fuego vieron cuatro personas, no tres sino cuatro, quiere decir que el cuarto era Dios, que estuvo con ello, asi, El esta con nosotros, pasando las lecciones, las pruebas, la formacion que Dios nos da, El esta en cada paso, en cada momento, pero como en la mayoria de los casos son cosas que no nos gustan pues queremos hecharle la culpa a alguien, no vemos que solo son lecciones para madurar, para doblegar nuestro orgullo humano y enteder que sin Dios nada es durable, sin Dios nunca es suficiente, sin Dios tu vida vale lo que la ropa que llevas puesto, todas estas pequeñas cosas que ahora que es padre cree insignificantes cuando era joven era los mas importante, por lo que debe preocuparle el que su hijo centre el quien es en estas vanalidades, como padre tiene la obligacion y el deber de fundamentar a su hijo como hijo de Dios, debe hacerle enteder que para Dios, la ropa no tiene valor, el carro no tiene valor, lo ultimo de la tecnologia no tiene valor, El ve el corazón.

Como se ve los intereses del mundo no han cambiado, ropa, carros, casas, cuentas de banco, etc.. son lo que al mundo le da sentido y es de lo que se debe cuidar a los hijos, que no caigan en esa vana manera de cotizar el valor de las personas, cuántas veces usted como hijo no quiso que le compraran el ultimo juguete, la ultima moda, ¿cuantas veces exigio algun objeto, alguna prenda que sus demas amigos tenian?, todos alguna ves nos hemos dejado llevar por lo que el mundo marca, pero ahora se debe fundamentar a los hijos para que lo unico que quieran sea servir a Dios, que lo único que les preocupe sea si hacen lo correcto delante de Dios. Cuantas bajas de autoestima se hubieran ahorrado si se estuviera enfocado en Dios, cuantos sentimientos de inferioridad se abrían evitado si nuestro valor estuviera en Dios, por ello la importancia de enseñar y fundamentar a los hijos en la roca, es decir, Dios.

Como hijos se comenten muchos errores que en la mayoría de las ocasiones los hijos repiten y un ejemplo de eso es la critica al desempeño de los padres, siempre se tiende a comparar a los padres con los de amigos o conocidos, que son permisivos, que si son entrometidos, que si son sobreprotectores, etc., es obvio que a los hijos nunca se les da gusto, si son sobreprotectores no dejan crecer al hijo, si son permisivos no les importa el hijo, esa es una manera en que el mundo juzga, pero si se siguiera el método de Dios muchos dolores de cabeza se ahorrarían, si midiéramos como Dios se ahorrarían muchos fracasos, como padres jamás se deben dejar llevar por las criticas de los hijos, no traten de ser amigos de los hijos, sean padres responsables, sean padres formadores, sean padres que enseñan el verdadero valor, lo verdaderamente correcto, lo único importante, esa es la gran responsabilidad de los padres.

Como hijos se debe aprender a valorar cada enseñanza que los padres dan, cuando los padres se vuelven abuelos se cree que ya no pueden enseñar pero no olviden que la edad no perjudica la sabiduría al contrario la engrandece y los jóvenes deben buscar la sabiduría e inteligencia para crecer en conocimiento y adquirir habilidad, al igual que como hijos de Dios que siempre se debe estar en comunión con El, que siempre hay que estar escuchándolo.

La importancia que como padres se le da a la impartición y transmisión de el amor hacia Dios es vital para la formación de los hijos ya que ellos entienden la importancia de amar a Dios entonces entenderán la importancia de obedecer por amor, esto es algo muy relevante ya que como se marcara mas adelante toda la educación y formación de los hijos esta basado en el amor, si como padres no saben lo que es el amor entonces como lo van a transmitir, como lo van a expresar, en el capitulo 3 hay una amplia definición de amor pero aquí daré una definición practica, amor es ceder, tolerar, aceptar, corregir y respetar así como Dios lo hace con nosotros eso es lo que debemos de expresar, cuando en la biblia se habla de que Dios esta en nosotros muchas veces esto no se entiende, no se acepta o simplemente no se cree, pero esto es verdad si somos capaces de creer que El hizo el mundo cuan mayor debería ser la fe de que El vive en cada uno de los que creen en El, entonces si el vive en cada uno y el es amor ¿por que no lo expresamos?, pues no se expresa por que no creemos realmente, no se tiene fe o por que no conviene decir que se cree en Dios para así poder actuar como la carne nos lo demande, poder gritar, maldecir, agredir, etc. Y solo ir el domingo a pedir perdón. El demanda obediencia y una de las instrucciones que mas demanda es que lo expresemos, que mostremos su amor, que lo demos a conocer pero se actua egoístamente y solo se quiere hacer la voluntad propia pensando que el conocimiento de nosotros mismos es mejor que el de Dios, creyendo que se sabe que es lo que mas conviene, siendo sinceros cada decisión que se ha tomado lejos de Dios ¿ha resultado?, ¿ha sido la correcta? Sabiendo esto entonces es el deber de un padre inculcar en los hijos que sin Dios nada resulta bien, que si no se consulta a Dios en cada decisión entonces se decidirá incorrectamente, que fuera del camino nada vale la pena.

Cuando los hijos son pequeños los adultos no creen que entiendan los temas que se tratan pero la verdad es que les da miedo lo rápido que comprenden y las soluciones tan rapidas y correctas que los niños pudieran tener, las soluciones de los niños son las que como adultos se debe de tomar, por que son respuestas y/o soluciones que van de acuerdo a Dios por que son limpias de maldad claro esto depende de la inocencia que el niño conozca. Nunca se deben menos preciar las palabras de un niño por que ahí se puede encontrar la instrucción de Dios, no se debe alejar a los niños de la enseñanza de Dios, no se debe tampoco permitir devalúen el entendimiento de los niños en las cosas de Dios, traten a los niños de acuerdo a su edad, no permitan que se les trate como a personas que no saben pensar, denles el valor que Dios les da, véanlos como Dios los ve que es como instrumentos, como personas capaces de expresarlo, como personas que deben darlo a conocer en cada rol, enséñenles a escudriñar la palabra de Dios, incúlquenles el hambre de adquirir mayor conocimiento de Dios, incúlquenles el disfrute de estar en la presencia de Dios, de escucharlo, de tener el privilegio de poder ser útiles a El, enséñenles a encontrar su instrucción y sobre todo enséñenles a tener una comunicación con Dios completa y plena para que ellos cuando Dios los considere preparados puedan tomar sus decisiones ya con la conciencia y el conocimiento de la voluntad de Dios y así puedan adquirir su responsabilidad.

Cap. 3

¿Qué espera Dios de los padres?

Cuantas veces escuchamos a nuestros propios padres quejarse de que no hay un manual de ser padre, de que los hijos no vienen con instructivos, pues bien ya que nuestros padres jamás supieron del instructivo yo como hija les diré que si existe el instructivo y fue dado por la persona que mejor nos conoce, nuestro creador, Dios, El nos dejo las instrucciones de todos nuestros roles, padres, hijos, amigos, compañeros, etc. Pero al dejarnos llevar por las reglas del mundo perdimos este magnifico instructivo, este instructivo se llama Biblia, si así como lo leen, en este magnifico libros esta nuestro manual de vida, pero como muchos de nosotros somos gente ocupada con actividades diarias no nos tomamos un momento del día para conocerlo, así que como soy una hija me tome la tarea de resumir a los padres cuales son las instrucciones para formar a un hijo conforme Dios lo necesita.

Lo que Dios demanda de un padre hacia su hijo es:

Amor

Dedicación

Formación

Si al parecer es una lista muy corta, pero no se dejen llevar por eso por que lo que realmente importa es lo que estos tres requisitos conllevan.

El principal requisito es el Amor, por que es la base de toda la formación y dedicación a los hijos, sin el amor todo lo que podrían formar estaría fuera de fundamento, seria una enseñanza débil que en cualquier etapa de la vida del hijo podría caer, por esto es que el amor es la base, es el fundamento que los padres deben de tener en mente siempre que quiera enseñar una lección a los hijos, el amor es la base, en amor se hace todo desde las muestras de afecto hasta el regaño mas severo, todo siempre es en amor. Para poder hacer esto creo que lo mas correcto es aclarar este termino del amor, ya que no es un sentimiento como las personas lo creen, no es ese sentimiento que te vuelve loco y no puedes ni razonar, ese sentimiento que en ocasiones sientes y en otras no, no, eso no es el amor, el amor según el instructivo de Dios es una decisión que todos debemos de tomar, una decisión donde nosotros decidimos proteger, proveer y dirigir a la otra persona por el camino de Dios, eso es el verdadero amor, los padres entonces al desear tener un hijo deciden que lo van a amar, es decir, lo van a proteger, lo van a formar, lo van a proveer de sus necesidades, pero todo esto con base en los principios y valores de Dios no en los estándares del mundo, por que eso estándares son los que nos tienen en esta situación de temor constante.

Así que aclarado el concepto del amor podremos ahora si capacitar a nuestros hijos para ser esos instrumentos de Dios, al fin podremos moldear su corazón para Dios y al hacer esto créanme que se ahorraran muchos dolores de cabeza, pero les advierto esto toma su tiempo ya que según la psicología la mejor edad para marcar a los hijos los limites, para formarles en su corazón principios y valores es desde los cero meses hasta los 6 años, si así como leen desde los cero meses, esto es por que desde el primer día ellos comienzan a entender como funciona el mundo que los rodea comienzan a notar que si lloran algo obtendrán, que si ríen algo obtendrán y desde eso momento saben que los padres harán lo que ellos quieran o en términos psicológicos comienzan a condicionar a los padres, comienzan a tomarles la medida de hasta donde pueden llegar y claro los padres con la bandera de que solo son niños comienzan a dejarse manipular y a hacer todo lo que el niño quiera y esto repercute mas adelante cuando los padres quieren empezar a poner limites, cuando quieren controlar a sus hijos en lugares públicos o en casa de amigos, aquí se dan cuenta que sus hijos están fuera de sus manos y comienzan a utilizar la agresión tanto verbal como física y entonces se vuelve un circulo vicioso donde los hijos se confunden ¿Cómo es que me puedo comportar de esta manera en casa y fuera de ella no? Y comienzan nuevamente a medir a los padres cuando están fuera de casa hasta que logran su objetivo y así es conforme van creciendo van manipulando a sus padres conforme sus ambiciones van creciendo, si no creen esto analicen ¿cuantas veces les han comprado cosas a sus hijos que en realidad no necesitan?, ¿cuantas veces se les han dado permisos cuando en realidad no se los merecen?,¿ cuantas veces han querido ser amigos de sus hijos y terminan olvidando que son padres?, ¿Cuántas veces no han escuchado de sus hijos: porque a mi amigo/a sus papas si lo/a dejan y a mi no? O la frases "hoy no quiero hablar", si han contestado al menos una de estas preguntas es señal que su hijo lo esta manipulando y usted se ha olvidado de ser padre para ser amigo de su hijo pero recuerde el/ella es SU hijo/a, no es una persona mas en la casa, es una persona que depende de usted para que le ponga limites, para que lo enseñe como debe ser cuando sea adulto, para que le enseñe el camino hacia Dios, esa persona que lo llama papa o mama es la persona que Dios puso a su cargo para que le enseñara sus principios y valores, para que le enseñe como debe tener comunión con El, cual es el camino que Dios a elegido para el/ella, si su hijo aun le escucha no pierda tiempo queriendo ser su amigo mejor sea su padre, gane su corazón y así su hijo le tendrá la confianza y el respeto de un verdadero amigo, si usted como padre aprende como ganar su corazón entonces ya puede comenzar a enseñar a su hijo, ya puede tener una comunicación con el/ella de edificación donde podrá impartir en el/ella la sabiduría que Dios a puesto en usted, podrá al fin comenzar a conocer a su hijo, podrá ayudarle a desarrollar los talentos y dones que Dios a puesto en el/ella.

Dios quiere que usted como padre/madre entienda cual es su papel como tal, que conozca que es lo que un padre hace, que es lo que un padre enseña, que es lo que un padre edifica ya que la enseñanza de los padres es la piedra fundamental en la formación de una persona, por esto es tan importante la educación en casa, muchas personas que ahora son lideres del mundo tuvieron una buena educación y no hablo de ir a las mejores escuelas y universidades hablo de la educación que sus padres o hasta su abuelos impartieron en ellos, como el trabajo, la dedicación, el aprovechamiento de cada oportunidad para crecer, para aprender, la honestidad, el respeto y sobre todo el amor por lo que haces, por las personas, toda esta enseñanza no la da una escuela, la da la casa, la familia, ojo con esto no digo que el niño/a debe estar todo el día en casa sin salir ya que esto perjudica su crecimiento tanto emocional como psicológico, el o ella deben de salir a convivir, a jugar esto le dará a los padres la oportunidad de evaluar el crecimiento de su hijo/a en cuanto a la educación que esta recibiendo en casa, además que le permitirá al niño o niña desarrollar sus habilidades sociales, su imaginación, su amor hacia las personas externas a su familia y así los padres se darán cuenta de en que áreas deben trabajar mas con su hijo/a.

Como ya he mencionado antes lo más importante en la formación es el amor pero ¿Cómo enseñamos el amor? En primera el amor no se enseña se demuestra y ¿Cómo se demuestra? Se demuestra con los pequeños detalles, se demuestra cuando uno no hace las cosas por obligación sino que las hacemos por amor, las hacemos porque amamos a los que nos rodean como lavar el plato que ensuciamos no por que lo tengamos que hacer sino por que amamos a las personas que viven en nuestra casa y queremos que pueda usarlo o cuando doblamos la ropa para otra persona, cuando los padres se preocupan en verdad por la alimentación de los hijos, les preparan sus alimentos para que estén sanos y no solo los dejan comprar comida chatarra para mantenerlos tranquilos, este tipo de pequeños detalles que para la mayoría son obligación en realidad son una muestra de amor, así es como se puede transmitir el amor a los hijos, cuando los corregimos por que hicieron algo fuera de las normas establecidas no porque sentimos coraje por que nos desobedecieron, mas bien el corregirlo es por que hizo algo que puede ir en contra de su bienestar y ahora que abordo este tema de las reglas y los limites les digo que esta es el objetivo de las reglas proteger a los hijos, no por estar tranquilos como padres, no por que se quiera unos hijos perfecto ante la sociedad, no por que como padres se quiera dormir tranquilo, las reglas impuestas a los hijos son para protección de ellos y eso de impuestas es hasta la edad donde ustedes puedan ver que ellos han entendido que las reglas son por amor, son para su protección y esas reglas se pueden modificar de acuerdo al crecimiento y desarrollo de los hijos ya que no siempre se podrá tratar a los hijos como niños pequeños pero también los hijos deberán mostrar su capacidad de decisión correcta, de madurez para que las reglas se puedan modificar.

Una vez escuche una historia donde un niño se había robado un dulce de la tienda, el niño en el camino le iba preguntado a su mama:

Niño: ¿mamá Dios perdona mis pecados??

Mama: si hijo, Dios perdona todos nuestras pecados

Niño: ¿y es verdad que cuando los perdona los hecha en el mar mas profundo y los olvida?

Mama: así es hijo

Niño: entonces si El ya me perdono, ¿por que me vas a castigar?

La mamá sin una explicación solo guardo silencio durante el camino a casa y al llegar solo lo mando a su habitación.

Con esta historia podemos darnos cuenta de cuanto absorben los niños pero también vemos como la mamá olvido su papel de autoridad, olvido que Dios le había dado un hijo para que le enseñara el camino correcto, olvido que su labor con el niño es corregirlo, es formarlo, es enseñarle lo que es correcto delante de Dios, olvido que Dios la puso como mama de ese niño para ella en función de autoridad le enseñara las consecuencias de su mala decisión y es aquí donde muchos padres se pierden esperando que Dios castigue a los hijos o que Dios los haga comportarse mejor olvidando que como padres son encargados de hacerlo, ese es el propósito que Dios les ha dado al convertirlos en padres y es mejor cumplirlo cuando los hijos están en esta edad (0-12años) donde es fácil moldear su corazón para Dios, donde es fácil escribir en su corazón y en su mente por que son como una hoja en blanco donde como padres y de la mano con Dios se podrán formar hijos de Dios, que sean adoradores de El en espíritu y en verdad, donde se podrán instruir como instrumentos de Dios.

Dios de los padres solo quiere formadores de instrumentos suyos, solo quiere absoluta precaución para con los seres que el ama tanto como son los niños. El busca una generación de hijos donde todos escuchen su voz y lo obedezcan, donde todos los que nos hacemos llamar sus hijos conozcan su camino y lo transmitan.

Cuando mi madre me enseñaba en la biblia las historias de los padres de la iglesia yo me sorprendía de la vida que ellos llevaron, de dedicación, fe y amor a Dios y siempre me pregunte que se sentiría oír a Dios, como lo hizo Noé al construir el arca, o si Sadrac, Mesac y Abed-nego sintieron miedo al darse cuenta que sus vidas estaban en peligro, conforme fui creciendo y seguía leyendo la biblia me di cuenta que todas estas historias no son mas que ejemplos de lo que nosotros como hijos de Dios deberíamos ser, nosotros deberíamos tener esa fe en Dios, esa devoción a El, pero que lamentablemente nos hemos dejado llevar por lo que el mundo marca, por los tiempos del mundo y hemos descuidado nuestra relación con Dios creyendo que el asistir los domingos a la iglesia y que los hijos vayan a la escuela dominical ya hemos cumplido con Dios pero eso es incorrecto por que el énfasis de Dios no es que tengamos asistencia perfecta en la iglesia o que participemos en cada actividad de esta, su énfasis es que aprendamos a obedecerle, que aprendamos y entendamos su voluntad y sobre todo que El sea nuestro centro de vida, que El sea nuestra principal prioridad y que al convertirnos en padres eso mismo lo transmitamos a nuestros hijo, que no olvidemos que El es un Dios de generaciones y que nosotros como sus hijos debemos transmitirlo a las generaciones venideras, esto nos beneficia también a nosotros, por que, que otra satisfacción mayor podríamos tener que dejar como legado personas rectas, personas entregadas a Dios, personas que entienden y aplican lo que es correcto, personas que el mundo diría que son modelos a seguir, ese tipo de personas son las que Dios quiere y El nos da la oportunidad de lograrlo al convertirnos en padres, pero muchas veces esto no lo conocemos hasta que creemos que ya es muy tarde, la verdad cuantas cosas se podrían evitar si la gente se tomara el tiempo de entender las instrucciones que Dios nos ha dejado para nuestra vida, El en el libro que llamamos biblia nos ha dejado instrucciones para cada rol de nuestra vida, desde hijos hasta padres, abuelos, amigos, etc.. Pero nosotros al querer hacer nuestra voluntad las ignoramos y nuestra vida se vuelve un caos.

Todo lo anterior abarca lo que se refiere a las dos ultimas cosas de la lista de Dios para los padres que es dedicación y formación pero expandiré un poco mas lo que se refiere a formación ¿Cuantos padres no quisieran evitar los berrinches de los hijos en las tiendas, las peleas entre hermanos, cuantos padres quisieran los hijos perfectos? Yo estoy segura que la respuesta es todos pero nadie esta dispuesto a pagar el precio para lograr esto, todo se lo queremos dejar a Dios, que el haga las cosas como por arte de magia, en muchas ocasiones he escuchado a los padres decir, es que nadie me enseño a ser padre, no hay un instructivo, pero déjenme decirles que ese instructivo a existido mas de 2000 años y este instructivo nos dice que enseñarles y como enseñarles a los hijos y como ya he mencionado antes todo es en amor, sin esto ninguna instrucción será correcta y no será de beneficio para los hijos.

El amor, dedicación y formación que Dios demanda de los padres son tres características que van juntas, una no puede funcionar sin la otra, por lo que me es difíciles explicarlas por separado pero espero estarlo logrando, en fin continuando con mi ampliación sobre la formación déjenme decirles que es una parte muy importante en los primeros años de vida del niño y hablando de primeros años me refiero a los primeros 6 años, a los 12 años los niños comienzan a asimilar todo lo aprendido en los primeros seis años, a partir de los 6 los niños ya comienzan a tomar sus propias decisiones si no es que un poco mas temprano es por esto que los primeros años son los mas esenciales para enseñarles los principios y valores de Dios, al comenzar ellos a decidir, la labor de lo padres es reforzar lo aprendido anteriormente, pero recuerden siempre en amor y esto lleva siempre hablarles con la verdad claro con palabras que ellos puedan entender, pero nunca ocultarles nada aunque los padres siempre creen que el ocultar cosas es por una buena causa la verdad es que es para protección de ustedes mismos por que no saben como responder o actuar frente a sus hijos así que por esto les pido hablen con la verdad, esto también les sirve a los niños para que vean que ustedes como padres les tienen confianza, creen en ellos, se apoyan en ellos y esto es lo que un hijo busca, el amor y confianza de un padre, pero claro todo es de acuerdo a su edad, no vayan a querer que su hija de 6 años cuide a una bebe, esto es algo importante jamás den a sus hijos responsabilidades que no le corresponden ya que esto perjudica el crecimiento del niño y además le crea resentimiento hacia los padres y esto los lleva a la rebeldía, los lleva a adoptar un papel de adultos y su corazón se endurece por esto es muy importante respetar sus etapas de crecimiento y desarrollo. En la edad que estamos manejando en este libro de los 0-12 años la mayoría de los niños son niños influenciables, son niños que no miden las consecuencias de sus actos y actitudes por esto la importancia de los limites que los padres debe de poner y reforzar en cada oportunidad, yo se que actualmente es muy difícil darse el tiempo para la formación de los hijos, pero no se debe tampoco abandonar ese rol de vida, si ustedes de corazón creen en Dios entonces deben de comprometerse con El en asumir esta responsabilidad que le fue confiada, si Dios le permitió ser padre es por que El tiene confianza en que hará lo correcto, que le entregara un instrumento, que le entregara una persona con el corazón dispuesto a El, que tristeza es ver a tantos niños confundidos, tantos niños sin un camino que seguir todo por que la sociedad ha arrastrado a los hijos de Dios a estas condiciones, donde creemos que si no trabajamos todo se perderá y nos olvidamos de quienes somos, leyendo esto con sabiduría ya que no estoy diciendo que dejen de trabajar, es necesario que organicen sus prioridades, que recuerden que son hijos de Dios y que confíen en El, que lean el manual que El nos ha dejado, recuerden que su única prioridad debe ser Dios y si así lo toman la mejor manera de servirle es cumpliendo el rol de padres.

Como padres muchas veces esa responsabilidad agobia, sienten un gran peso que los limita en cuanto a desarrollarse como persona, sienten tanta presión por cubrir todos los demás roles para poder cumplir con el de padres que muchas veces olvidan el rol mas importante y que cumpliendo con este rol todos los demás se alinean, este rol es el de hijos de Dios, si lo ponemos a El de prioridad, si nos entregamos a El y sobre todo si descansamos en El toda nuestra carga se hará ligera, por que como El mismo nos dice en mateo 11:30: "POR QUE MI YUGO ES FACIL Y LIGERA MI CARGA" ya que El nos ha dejado lo necesario para cumplir con nuestro propósito. Si viviéramos como Dios nos demanda, con El como fundamento entenderíamos que solo El nos puede enseñar el diseño, nos abre el entendimiento, nos da las instrucciones necesarias, si de verdad nos preocupara el rol como padres y tuviéramos la fe en Dios nos daríamos cuenta que El mismo nos da el ejemplo mas infalible de lo que un padre debe ser, amoroso pero justo, con sus reglas, sus castigos, su misericordia y sobre todo su instrucción en amor, no existe un mejor modelo de padre que El, en todo la biblia hay ejemplos de cómo actuó siempre como un padre amoroso llevándonos de la mano pero en nuestra necedad humana nos soltamos pero podemos volver a tomarnos de ella para hacer las cosas conforme a su voluntad, con esfuerzo por seguir sus reglas pero a la vez con recompensa por que al obedecerlo nuestro yugo se vuelve ligero.

Como los padres piden obediencia a sus hijo así Dios pide obediencia de nosotros, pero como vemos en su ejemplo primero hay que formar (instruir, capacitar, entrenar y evaluar), hay que enseñar lo que obediencia significa y cuales son las consecuencias de no hacerlo recordando siempre que es en amor, si primero no se toma el tiempo de enseñar no esperen una respuesta satisfactoria, así es como he visto historias infinitas de padres regañando a sus hijos cuando hacen algo que no les parece pero el niño ni siquiera lo sabe y los padres no saben como actuar, así que, usan la violencia sin instruir, aqui es cuando lastiman al niño mayormente de manera psicológica, dañando su autoestima y despertando su rebeldía, en cambio si le van enseñado al niño lo que debe y como lo debe de hacer y lo que no debe de hacer y le explican que existe una consecuencia si lo hace entonces el niño entenderá lo que es obedecer y lo que pasa si no lo hace, pero si esto los padres no lo llevan a cabo estarán formando un niño sin autoestima, un niño sin amor, un niño con odio hacia los padres y lo peor es que cuando ese niño se convierta en padre podría irse a los extremos, formaría niños sin regla alguna o con disciplina extrema que en cualquiera de los casos seria perjudicial.

Recuerden padres ustedes están formando futuros padres, deben ser muy cuidadosos en su formación, si se quiere que los hijos sean personas de impacto, sean personas de cambio, esta es su oportunidad de lograrlo, si de verdad esperan que sus hijos amen a Dios entonces ustedes tomen su papel de espejos de Dios, demuéstrenle a sus hijos el amor de Dios, como El nos dice: Yo los hice a mi imagen y semejanza, esto quiere decir que Dios cada que nos da un hijo quiere reproducir Su imagen y semejanza, quiere que nosotros a los que llama hijos lo representemos, lo reflejemos y que mejor reflejo de nosotros que los hijos, así que padres a trabajar, a esforzarse por amor a Dios y a los hijos, a dedicar tiempo para aprender, enseñar y formar.

La educación de los hijos muchas veces es algo que como padres se deja a la ligera creyendo que eso le corresponde a las escuelas, a la iglesia, a los lideres de jovenes o escuelas dominicales, haciendo a un lado la enseñanza de casa, siendo que la mas importante y la que impacta mas al niño es la enseñanza de casa, el ejemplo que ahí ve, como se sabe el ser padre es una labor de mucho esfuerzo y por lo general se huye de ella, se evade, conforme el niño crece los padres se hacen a un lado y es por esto que el rol de padre a pasado a un segundo plano, Dios desea que todos nuestros roles tengan un balance pero para ello se debe tener un fundamento fuerte, se debe tener una prioridad, se debe tener un centro de vida que no fluctue, que no cambie, que sea perdurable, que sea estable y nada mejor que Dios, El debe ser nuestro fundamento, El nunca cambia, siempre esta con y para nosotros, es nuestro proveedor, protector y director de vida lo unico que debemos hacer es escucharlo.

Cap. 4

El Padre educando padres

Cada uno de nosotros empezó como hijo tanto de padres como hijo de Dios, muchos se han convertido ahora en padres y están cometiendo los mismos errores que sus padres cometieron con ustedes, a pesar que tal ves muchos hayan jurado no hacerlo, pero esto no lo han cumplido ya que es el único modelo que han tenido, no conocieron otra manera de educar, pero Dios ha llegado a sus vidas y el ahora es el ejemplo que deben de tomar, es el ejemplo que deben de seguir, El es un padre perfecto y ahora El nos ha dejado las instrucciones para nosotros serlo ¿Qué nos impide seguirlas? Realmente nuestro impedimento es nuestra propia comodidad, nuestra propia arrogancia creyendo que somos mejores que nuestros padres, que sabemos lo que hacemos y que no necesitamos la ayuda de nadie, pero esto es el mas grande error que podemos cometer por que estamos echando a perder valiosos recursos de Dios, los estamos alejando de El por nuestras frustraciones y nuestro propio daño, si fueron maltratados por una mala percepción que sus padres tuvieron de Dios no es justo echarle la culpa a Dios, no es justo preguntarle donde estaba cuando ustedes sufrían una agresión por que El estaba sufriendo a su lado y permitió que salieran de ahí para que pudieran mostrar al mundo quien es El, de donde los saco y a donde los ha llevado, para muchos puede ser injusto, pueden creer que no se merecían lo que pasaron pero analicen su comportamiento ahora,lo mismo que vivieron ustedes , ¿acaso no es lo mismo que están viviendo sus hijos?, Tal vez digan no, yo les doy todo lo que yo no tuve, ¿y eso es?, una gran casa, todos los juguetes, jugar con ellos, toda la ropa posible, bueno la verdad es que eso es solo parte, es parte superficial, pero ¿Dónde esta la formación, las reglas, los principios y valores? ¿Dónde quedo la impartición de trabajo, amor, confianza, dedicación, responsabilidad, dependencia a Dios, amor a Dios, búsqueda de Dios?

Cuadro 1

En el cuadro de arriba vemos como vamos creciendo de hijos a padres y luego a ejemplos de vida para los hijos, deben estar muy consientes de esto, debido a que en sus actitudes y reacciones están las actitudes y reacciones de sus hijos cuando se conviertan en padres.

Muchos padres tienen la idea de que por ser niños no entienden lo que los adultos hablan, pero esto es erróneo en muchas ocasiones los niños entienden mejor la situación que un adulto, los niños no son "tontos", al contrario tienen la capacidad necesaria para entender e incluso reaccionar sobre "situaciones de adultos" por eso es que es tan importante cuidar lo que se habla frente a los niños, tampoco se trata de ocultar, pero es importante saberles explicar de acuerdo a los conceptos que el conozca y que tenga clara cual es la situación que se esta presentando, por ejemplo cuantas veces pedimos a Dios que nos hable, que queremos escucharlo y El a través de las personas, de un libro, de la naturaleza misma nos hace entender algun pasaje de la biblia, nos dice que es los siguiente que debemos hacer o incluso nos dice que debemos decirle a otra persona cuando necesita un consejo, otro ejemplo lo vemos en el Rey David como Dios le dio tanta sabiduría a través de los animales, asi es como ustedes padres deben buscar la manera en que sus hijos entiendan o conozcan alguna situación incluso pueden usar estas maneras para enseñarles lecciones de vida.

Dios
↓
Modelo
↙ ↓ ↘
Padre Hijo Instrumento

Dios cumple su papel de padre siendo: proveedor, instructor, formador, entrenador y protector, a través de Jesús cumplió los roles de hijo, hermano, instrumento de Dios, maestro, pastor y líder, asi nosotros al ser sus hijos debemos cubrir los roles que El nos ha confiado y en cada uno debemos ser ejemplos de vida, debemos ser la expresión de Dios y eso solo lo podemos

lograrsiponemosaDioscomo
nuestro centro, nuestro
fundamento, esto se refleja
en nuestra conducta, nuestra
actitud y va cubriendo cada
uno de los roles que tenemos
como personas, aunque
alinearnos a Dios no es
sencillo para nuestra carne,

El nos ha capacitado para ello, para gobernar sobre
nuestra nuestra carne, para poder tomar las decisiones
según su voluntad y no la nuestra que es errónea debido
a que la nuestra esta basada en nuestros deseos y no en
lo que es correcto.

Como padres y como ya se ha mencionado antes toda
la diciplina, capitación y formación que se aplica a los
hijos debe tener de base primero la instrucción de Dios
y segundo se debe tener en mente que somos reflejo
del amor de Dios por lo que antes de pensar en formar
una familia hay que capacitarse, se debe conocer
la voluntad de Dios para saber inculcar, para saber
escribir en los corazones de los hijos que es lo que Dios
quiere de cada uno de sus hijos, para saber capacitarlos
para servir a Dios con amor, para enseñarles cual es
su propósito, para enseñarles como escuchar a Dios
y fundamentarlos en la obediencia a El. Recuerden
padres que su objetivo como tales es que cuando los
hijos salgan de sus casa para formar una familia ellos
ya deben de estar capacitado para tal cosa, en el caso

de los hombres deben salir de casa capacitados para ser cabezas de familia, ellos deben saber todo lo que implica esto, todo lo que implica ser padre, en el caso de las mujeres ellas deben salir capacitadas no solo para ser amas de casa, sino para ser la ayuda idónea que el hombre necesita y como ser una madre, si este objetivo no se cumple, entonces, no se esta cumpliendo con Dios, no están formando instrumento, están formando solo seguidores que creen en Dios pero no le sirven, que no son utiles a El.

En nuestra vida tenemos tres roles importantes el de hijos, padres y abuelos, estos roles nos sirven para ir mejorándolos conforme se van presentando, como hijos no podemos culpar a los padres por nuestros errores y cuando nos convertimos en padres podemos tomar la responsabilidad de mejorar este rol del modelo que tuvimos capacitándonos desde antes de estar es ese rol. Nuestras conductas no se pueden justificar en las faltas o errores de nuestros modelos a seguir, nosotros somos totalmente responsables de lo que hacemos, somos los responsables de encontrar el camino correcto, de encontrar al modelos correcto y ese ya vive en nosotros y es Dios, si el vive en nosotros entonces estamos capacitados para perdonar y seguir su camino, cuando nos convertimos en abuelos nos convertimos en apoyo para aquellos que aun tiene camino por recorrer, como abuelos es un deber servir de maestros por todos ese años que ahora son enseñanzas y sabiduría que se debe compartir con las generaciones que están surgiendo y que comienzan a descubrir en como esta compuesta la vida, en roles, en acciones, aprendizajes y conocimiento.

Muchas veces los nuevos padres creen saber todo con respecto a ser padres, no aceptan ningún consejo, pero si tu apenas te vas a convertir en padre o madre no dejes de lado los consejos que tus propios padres o abuelos te dan, por que tu conoces mejor que nadie sus deficiencias pero también conoces sus aciertos asi que no dejes de valorarlo, tal ves después de su experiencia y que saliste de casa ellos entendieron cuales fueron sus errores y supieron que era lo correcto asi que te pueden ayudar a mejorar y a entender mejor en que consiste ser padre, ser padre va mucho mas allá de lo económico, va mucho mas alla de una casa, ser padre es educar, formar, proteger, proveer pero todo esto es conforme a la voluntad de Dios, esto ya se ha mencionado anteriormente, para ser padre se requiere una preparación, se requiere un nivel de entendimiento de la voluntad de Dios, se requiere un nivel de madurez, se requiere un nivel de comunicación con Dios, para lograr esto desde antes de adquirir siquiera un compromiso de noviazgo debemos de estar en constante comunicación con Dios para poder irlo conociendo, muchas personas que actualmente son padres ni siquiera tenían un relación formal pero por tomar decisiones inmaduras adquirieron un responsabilidad que se les hace muy pesada por que no tenían un preparación, ni siquiera conocimientos básicos sobre el cuidado de un niño pero aun así han logrado inculcarle algunas buenas conductas, buenos valores, aunque actualmente lo común se ha vuelto normal en el mundo, nosotros como hijos de Dios debemos preocuparnos por quitar esto, se debe establecer en los hijos que el camino de Dios es el único correcto.

Muchas veces confundimos lo correcto con lo bueno, esto es debido a lo establecido por el mundo, lamentablemente muchos hijos de Dios han adoptado esta manera de pensar para su beneficio, por ello si dicen amar a Dios, deben buscar mas de El, deben escudriñar su palabra, extraer cada enseñanza, orar a Dios y pedir sabiduría para entender y actuar conforme a lo que desea de nosotros. Pocos hijos están realmente interesados en la voluntad de Dios, pocos tienen el deseo de conocer mas de El, pocos son los que realmente se puede llamar hijos, los que escuchan su voz, los que conocen el verdadero propósito de la vida que El nos ha regalado, para poder formar un instrumento de Dios como es un niño primero se debe capacitar uno como instrumento de Dios, si puedes contestar, ¿Cuál es mi propósito? ¿A que me ha llamado Dios? ¿Cuáles son mis talentos? ¿Los estoy usando correctamente? ¿Tengo una correcta comunicación con Dios?, si logras responder estas preguntas entonces estas en el camino correcto para ser instrumento de Dios y si El lo permite seras un buen formador de instrumentos para El.

Con Dios aunque se tiene sus dificultades, el camino se va facilitando conforme se va formando y esto es posible gracias al ejemplo y guía que Dios nos ha proporcionado, escuchar a Dios es una de las instrucciones mas importantes, con Dios solo dos cosas son importantes, escuchar y obedecer, si se cumplen puede haber mucha recompensa.

Actualmente los padres no tienen interes en hablar con sus hijos, no tienen interes en formarlos, solo quieren que crezcan, ganen dinero y los ayuden, pero ¿Qué pasa con la formacion? ¿Cómo crecen esos niños sin instrucción? La mayoria de esos niños han terminado en carceles o en centros de rehabilitacion por sus adicciones, en nuestros dias existen niños de primaria y secundaria ya con adicciones y siempre le hechamos la culpa a la sociedad, al principio se le hechaba la culpa a la falta de informacion ahora se le hecha la culpa al exceso de informacion, pero ¿Dónde queda la responsabilidad de ustedes como padres? ¿Por qué se deben esperar a que ocurra algo grabe o alguna desgracia para actuar, para tomar su papel? Si tienes hijos que aun te escuchan tienes tiempo de corregir esta falta de atencion, tienes tiempo de indicarle el camino correcto a tu hijo, no hay nada mejor que hablar con tus hijos cara a cara, sin mascaras, sin tener una postura de soy tu autoridad y haras lo que te ordene, habla con tu hijo con toda tu atencion en el o ella, al decir atencion me refiero a todos tus sentidos y energia enfocados en las palabras de tu hijo, ve mas alla de lo que te mencione, siempre como hijos se teme hablar con los padres por el tipo de reacción, asi que ten una actitud calmada, lleva una actitud de escuchar y concentrate en dar instrucciones, en transmitir sabiduria, no externar reclamos, tratando de hacer entender que es lo correcto, no hablo de bueno o malo porque como se ha mencionado antes eso es del hombre pero lo correcto e incorrecto es de Dios.

Muchas veces nos dejamos guiar por lo bueno o malo que el hombre ha establecido olvidando que es lo correcto delante de Dios y todo lo correcto delante de Dios es lo que debe marcar nuestra vida, es por lo que nos debemos de regir, las creencias de lo bueno y lo malo como todos sabemos es relativo para las personas ya que cada una tiene sus propias creencias pero en las cosas de Dios solo hay una verdad, solo hay un camino, solo hay cosas correctas e incorrectas y estas se aplican para todos, eso es lo que se debe inculcar a los hijos, eso es lo que debe marcar nuestra conducta recordando siempre que nosotros somos la expresion de Dios, somos sus espejos y cada pequeños detalle, cada conducta por insignificante que creamos representa a Dios debido a que somos su expresion en la tierra. Conforme avanzan los tiempos vamos dejando de lado nuestra naturaleza verdadera y adoptamos la que el mundo nos da con sus etiquetas y divisiones sociales olvidado que para Dios no hay rico ni pobre, no le interesa la raza de la que provengas, lo unico que ha Dios le importa es tu corazón y tu obediencia a El, con esto quiero decir que antes de ser padres, debemos aprender a ser hijos de Dios dispuestos a conocer y hacer su voluntad.

No existe mejor resumen de esta enseñanza que proverbios, en este libro lleno de sabiduria nos encontramos con

enseñanza que debemos transmitir a los hijos, sabiduria
que debe ser transmitida de generacion en generacion,
sabiduria que ayudara a los hijos a entender en que
consiste el rol de hijo al igual que ayudara al rol de
padre, como se ha dicho la biblia no solo son historia
sino un ejemplo de la vida que Dios quiere para nosotros,
donde confiemos en El sin importar que tan dificil sea la
situacion El siempre esta con nosotros.

Cap. 5

Moldeando el corazón de los hijos para el Padre

Como he mencionado antes los niños hasta los 6 años son como una hoja en blanco donde los padres deben escribir los correcto o como dice otra analogía los niños son como barro listo para moldearse y los padres son los alfareros que les dan la forma correcta y el cocimiento perfecto pero esto no es trabajo fácil requiere de un corazón dispuesto a dar tiempo y esfuerzo.

Como psicóloga recomiendo que antes de querer encargar bebe se haga un plan de educación, con esto me refiero a no tanto las escuelas, si no, la educación en casa, ¿Que reglas se pondrán en la casa?, los tiempos que serán dedicados al hijo en caso que los dos trabajen o si solo uno trabaja es importante que decidan el tiempo que pasara con ambos padres ya que la presencia de los dos padres es muy importante en su formación, los castigos que se aplicaran y por cuanto tiempo, los tiempos deben ser específicos ya que se deben de tomar en cuenta los tiempos de enseñanza y los tiempos de convivencia aunque estos vayan juntos de acuerdo a la enseñanza por ejemplo si usted quiere que en cada ocasión su hijo después de jugar guarde sus juguetes primero debe hacerlo junto a su hijo y segundo aunque este con amigos esto lo debe hacer hasta que compruebe que se a formado un habito, si quiere que levante un plato esto lo debe hacer primero en casa con usted y si va a otras casa también lo debe hacer hasta formar el habito, es muy importante que no le cambie las reglas de casa y fuera de ella ya que confunde al niño y comenzara a rechazar las reglas, abra mas castigos y el niño comenzara con la rebeldía, por esto debemos seguir las instrucciones que Dios nos deja: Padres no provocar a ira a sus hijos, lo que me lleva a enfatizar la importancia de la comunicación, no quiere decir que el niño no se enoje con los castigos pero ira entendiendo lo que debe y no debe hacer de manera que mas adelante lo pueda transmitir, recuerden estamos formando padres pero mas importante formamos hijos de Dios.

Actualmente los niños tienen un desarrollo intelectual mas rápido que los niños de hace 10 años, ahora con 2 o 3 años ya saben leer, ya saben manejar un computadora, ya saben como encender la televisión, ya escogen su ropa, etc. Pero esto no quiere decir que se les pueda dejar solos, que automáticamente ya saben los que es bueno y malo, que leen la mente de los padres y saben las instrucciones, eso es erróneo, son niños y este desarrollo avanzado solo nos dice que se debe tener mas cuidado ya que mas pronto podemos perder su corazón. Los niños de la actualidad son niños solos, son niños sin reglas, son niños sin padres, donde desde pequeños aprenden lo que es la mentira, lo que es falsedad, lo que es el desamor, los que es tener todo y no saber nada, esto por que todos los que son padres no se toman el tiempo para educar, solo son "padres" económicos o mas bien son cuidadores económicos, donde tienen a los hijos con casa, ropa, comida y lo que al niño se le antoje y ahora nos quejamos por la inseguridad, por los malos manejos del país, por que todo se maneja con dinero, pero no vemos que todas esas personas interesadas, abusivas, fueron niños donde solo tenían el dinero para cuidarlos, los padres están ausentes y aunque esto pareciera un juicio en contra de los padres, pues realmente es su responsabilidad, las nuevas generaciones del 2000 son niños que sus padres son niños también, ahora imagínense el degrado que las generaciones han sufrido, los niños de los 80's fueron niños de padres que querían ser amigos de los hijos en lugar de padres así que adiós reglas, los niños de los 90's fueron niños donde ambos padres van a trabajar así que también cero reglas y cero vigilancia, los niños del 2000 son niños con toda la tecnología, toda la libertad y niños que se embarazan en la secundaria, ahora imaginen la sociedad en unos 10 años que pasara con los niños de ahora, como serán, recuerden que y aunque suene trillado los niños de ahora nos manejaran tarde o temprano, ustedes dirán bueno pero actualmente la situación del país no nos deja tiempo para nada, debemos trabajar, debemos alimentar a los niños, yo les digo, es que acaso no confían en la autoridad, sabiduría y veracidad de Dios, es que acaso se olvidan que El es el proveedor, es que acaso no recuerdan que a sus hijos nunca los abandona, ustedes creen que la historia de los hebreos en el desierto donde Dios les dio el mana es solo eso una historia, pues no, no es solo una historia, es un ejemplo de que El provee para nuestras necesidades pero esto es a medida de nuestra obediencia, entonces si Dios esta llamando a que lo reflejen, a que formen a los hijos, a que les dediquen tiempo, ¿no creen que pueden descansar en El y obedecerle?, no permitamos que las generaciones se sigan degradando y mucho menos perder la identidad como hijos de Dios, es hora de que tomen el tiempo para sus hijos, es hora de que ganen su corazón para Dios.

¿Cómo ganar el corazón de mi hijo?

Este es el primer paso para moldear su corazón y se logra con amor, con paciencia, con dedicación, reflejando el amor de Dios, siendo justos pero amorosos, con esto me refiero a que si el hijo comete un falta, el debe asumir sus consecuencias, se debe enseñar que cada error, cada mala decisión tiene consecuencias es por esto que los padres deben basar toda la educación en los principios y valores de Dios, no en las del mundo ya que estas fluctúan, pero las de Dios jamás y sus consecuencias son mas estrictas, sus consecuencias son para formar un carácter maduro.

Conseguir el corazón de los hijos es mucho mas sencillo de lo que la mayoría piensa y si esto se logra en los primeros 6 años, los demás años serán mucho mas sencillos, la manera de lograr esto es dedicando tiempo y a que me refiero cuando digo dedicar tiempo, me refiero a: si ya están en la escuela pues preguntar como les fue, que hicieron, revisar juntos sus cuadernos, si tienen un examen estudiar juntos, si tiene tarea hacerla juntos, pero esto es juntos la tarea no se la haga usted, usted solo es un apoyo, salgan a jugar, conozca a su hijo/a, conozca sus habilidades, sus cualidades, en que área esta deficiente y ayúdelo/a a mejorar, ayúdelo/a a desarrollar esas habilidades, esa es la mejor manera de ganarse el corazón de sus hijos, apóyelos, si necesitan un castigo déselos, si tiene 2 o mas hijos trátelos de la misma manera, jamás haga diferencias, si pelean entre todos, todos necesitan castigo, jamás haga comparaciones, motívelos a que se ayuden unos a otros, si tiene varios hijos aliente su relación, todos ellos tienen diferente personalidad, diferentes habilidades pero todos se complementan así que ayúdelos a tener esa cercanía donde entre ellos son apoyo. Si tiene solo un hijo enséñele a compartir, no permita que su hijo se vuelva egoísta y despectivo, enséñelo a que todos somos iguales, que no se deje llevar por las clases sociales impuestas por el mundo, que para Dios todos somos iguales, enséñelo que dar es tan satisfactorio como recibir y que ayudar a otros es mucho mas satisfactorio. Siempre hable con ellos, explique detalladamente cada situación, no los obligue a compartir por que esto solo traería resentimiento, convénzalo de compartir, la mejor forma de tratar a un niño es hablando, tomándonos el tiempo de explicar por que debe o no debe hacer tal cosa, si uno como adulto y mucho mas como padre pierde el control, se baja a su nivel y grita entonces perderá la oportunidad de moldear el corazón y si alguna vez pasa no dude en pedir perdón esto le hará ver a su hijo que todos cometemos errores y que hay consecuencias, pero que el perdón nos trae paz.

Quiero que lean lo anterior con mucho cuidado y no piensen que los pongo a merced de su hijo, no, al contrario con esto les doy las bases para moldear su corazón y que en el futuro no se preocupen por las decisiones que puedan tomar sus hijos por que con esto harán consientes a sus hijos de lo que son las buenas decisiones, con esto les demuestro que podrán descansar y no serán guiados por las típicas frases de: "espera a que llegue a la adolescencia, esa es la peor etapa", con lo anterior les estoy dando la oportunidad de que descansen un poco por que esto no significa que ya no necesitaran corrección, pero será mucho mas sencillo hacerles ver la equivocación. Hablar es la manera de entendernos, hablando evitamos que el razonamiento se bloquee, nos da la oportunidad de escuchar diferentes punto de vista y nuestra recepción esta mucho mas abierta para recibir la instrucción que si escuchamos gritos, por esto digo que no griten a sus hijos ya que su razonamiento se cerrara y la necedad saldrá y se volverá un circulo y no podrá corregirlo.

En la biblia Dios nos ponen un mandamiento para padres que es de apoyo para lo que estoy mencionando dice en efesios 6:8 "padres no provoquéis a ira a sus hijos, sino que criarlos en disciplina e instrucción del señor", esto quiere decir que no hagan las cosas por molestar o vengarse de alguna desobediencia o mal rato que los hayan hecho pasar, sino que los corrijan con la intención, actitud y el pensamiento correcto que debería de ser lleno de amor y que la corrección es consecuencia de violar algún principio de Dios y no por algo que a ustedes como padres les desagrada. El deber como padres es enseñar lo que es obediencia, respeto, compartir, ayudar, escuchar, hablar, en fin todos los principios y valores de Dios en amor, para enseñar esto dejemos en claro lo que para Dios es un principio. Un principio para Dios es una ley inamovible, es una regla que debe de regirnos siempre y los principios de Dios son: Amor, Fe, Obediencia, Escuchar, Adoración y Dedicación a El, el valor para Dios es una convicción, es la prioridad en nuestras vidas y los valores de Dios son: conocerlo y enseñar de El, estos deben de ser los conceptos que deben estar grabados en nuestra mente y corazón y que esto ocurra es labor de los padres, para esto los padres deben dedicar tiempo de calidad, esfuerzo, deben de buscar la forma de lograrlo ya que cada niño es diferente en cuanto a la manera de entender pero todos necesitan aprender el camino de Dios y solo con Dios los padres aprenderán el manual de sus hijos.

Yo les pido como hija de Dios a ustedes padres que al tiempo de estar moldeando el corazón de un hijo, no se dejen llevar por las reglas que marca la sociedad, sino que nos establezcan en las de Dios, no se dejen llevar por las criticas de la sociedad sino que disciernan lo que Dios quiere. Dios nos ha hecho ver que actualmente a lo bueno lo llamamos malo o aburrido y a lo malo lo llamamos bueno, todas los limites que El nos puso para protegernos los hemos ignorado con nuestra necedad, por nuestra ignorancia, El al convertirnos en padres nos da la oportunidad de remediarlo y de afirmar los limites que hemos sobrepasado, por esto no nos debemos dejar llevar por las normas sociales sino que debemos volvernos a Dios y establecernos en El para poder establecer a los hijos e ir saneando nuestra sociedad de tanta maldad.

Recuerden que el establecimiento de las normas y limites es en amor, sin esto solo se provoca rebeldía y no serán escritas en el corazón y no podrán ser transmitidas a la siguiente generación, los que comenzamos con esta transmisión somos como la piedra que lanzas al rio y se forman ondas, esas ondas son las personas que están a nuestro alrededor, así es como debemos de actuar, nuestra meta debe ser influir a todos los que estén a nuestro alrededor, si todos trabajamos de esta manera nos tomara poco tiempo el que todos conozcan el camino de Dios, podremos lograr que todos tengan esa hambre y sed de Dios y que mejor que los primeros sean los hijos. Hace un tiempo escuche una historia que me impacto, tanto así que prometí que cuando Dios me diera hijos tendrían esa devoción hacia El y esa unidad familiar, esta historia trata de un hombre con su familia, cada sábado ellos se reúnen para la edificación familiar cada miembro comparte lo que han aprendido de su lectura, pero además de esto platican entre ellos de sus problemas y cada uno aporta alguna idea, juegan, comen, etc., es tan edificante y divertida esta reunión que el peor castigo se le puede dar a sus hijos en lugar de quitarles la tele o computadora o videojuego es prohibirles estar en esta reunión familiar, yo creo que esta unidad familiar es un ejemplo que todos deberíamos seguir, pero estoy segura que esto se logro con dedicación, dejando a un lado nuestra comodidad y egoísmo y poniendo como prioridad la voluntad y el amor a Dios, recuerden que los hijos son reflejo de los padres y los padres deben ser reflejos de Dios.

Se que el trabajo de padres es muy cansando y muy demandante, pero Dios pasa lo mismo con nosotros, cuantas veces no les gritan a sus hijos para que obedezcan, así mismo Dios utiliza todos sus recursos para que volteemos a verlo, si tan solo siguiéramos las instrucciones de Dios cada año que los hijos crecen se volvería mas sencillo ser padre, para facilitar esto les pondré una lista de las obligaciones de los padres que deben cumplir en los primeros 12 años de sus hijos para que conforme crecen no se vuelva una tortura:

1. Los padres tienen la obligación de despertar esa hambre y sed de Dios en los hijos.

2. Tienen la obligación tratarlos y establecerlos en amor

3. Tienen la obligación de establecer limites y reglas por la seguridad de los hijos

4. Tienen la obligación de descubrir los talentos y habilidades de sus hijos así como ayudar a desarrollarlas.

5. Tienen la obligación de establecer y grabar en la mente y corazón de sus hijos la voluntad de Dios

6. Tienen la obligación de enseñarles lo que es amar, obedecer y escuchar

7. Tienen la obligación de escucharlos, apoyarlos, corregirlos y mostrarles lo correcto para Dios.

Se que la palabra obligación al leerla algo pasa que inmediatamente nos cerramos y ya no queremos escuchar nada mas y puede que este mal empleada pero estas demandas que se tienen como padres deben ser un principio y una prioridad para que al pasar de esa edad tengan una visión mas amplia de su propósito y sepan decidir con sabiduría. Este es el objetivo que se tiene como padres, formar a los hijos para que sean sabios en sus decisiones, su futuro solo depende de Dios, lo que mas debe preocupar a los padres es la formación espiritual, si esta es conforme a Dios todo lo demás se alinea al propósito que Dios tiene para esa persona que les ha prestado.

Cap. 6

Formando instrumentos de Dios

Como ya hemos visto, ser instrumentos de Dios es lo que El espera de nosotros como sus hijos, cuando El nos convierte en padres es nuestro deber, formar instrumentos, pero esto no es una tarea sencilla, mas bien es una tarea que requiere mucho esfuerzo y dedicación, pero lograr esto de una manera sencilla es aprovechando los años en que los niños son como hojas en blanco, donde son como barro listo para moldearse y como ya hemos dicho se logra en los primeros 6 años de vida, cuando son copas vacías listas para se llenadas, es en esta edad donde debemos verter todo el amor y las instrucciones de Dios, de los 6 años hasta los 12 años, es la etapa del reforzamiento de este aprendizaje, donde las reglas y limites deben ser mas firmes que nunca, jamás debemos de subestimar la capacidad de un niño para entender o actuar, deben como padres ser muy precavidos con lo que ven o hablan delante de los hijos y mas en este rango de edad, ya que una frase o un hecho puede afectar de una gran manera la vida su hijo, puede que llegue hasta el extremo de acercarlo mas a Dios o a alejarlo.

Cada vez que como padres se dispongan a dar alguna enseñanza a su hijo primero acérquense a Dios, antes de cualquier cosa consulte con El, casa paso de la enseñanza, desde seleccionarla hasta la manera en como lo harán, su cercanía con Dios en esta etapa de la formación de los hijos es la mas importante por que es cuando se fundamentara en el corazón de los hijos lo que Dios espera que emane cuando sean adultos.

Aun cuando la sociedad cree que ser padre es una tarea titánica, la tarea de formar instrumentos de Dios es aun mayor, pero la ventaja es que se tiene un manual y una ayuda mayor que cualquiera. Como padres ser reflejo de las voluntad de Dios no es sencillo en nuestras fuerzas, pero al descansar en El y permitir que Dios emane de ustedes eso es lo que lo hace un trabajo ligero.

Los niños son muchas veces mas sensibles a la voz de Dios, si los padres los apoyan a seguirla escuchando y sobre todo a obedecerla será mucho mas sencillo moldearlos para que al ser adultos no desvíen su caminar, la mayoría de las veces los padres subestiman a los niños y los tratan como si no entendiera, déjenme decirles que los niños entienden mucho mejor que los adultos, por su inocencia ellos solo ven las cosas en blanco o negro, es decir o es bueno o malo, para los adultos esto debería ser igual, por ellos es necesario mantener hasta cierto punto esta inocencia ya que para Dios es igual o haces lo correcto o te va mal, como Dios dice que el reino será de los que son como niños en la maldad pero sabios en la manera de pensar, nosotros como adultos estamos entenebrecidos de tanto pensamiento, pero al ser padres tenemos la oportunidad de impedir que esto le ocurra a los hijos ya que como padres se tiene la responsabilidad de proteger el corazón y la mente de los hijos para Dios.

Como padres se tiene la responsabilidad de abrir y mantener el hambre por Dios, El ha dado la carga a los padres de mantener a los hijos en su camino, enseñarlos a ir de su mano y no alejarse de El, enseñarles que al alejarse abra consecuencias y su corazón se perderá en las cosas del mundo, que aun siendo unidos a Dios en el mundo existen tentaciones y siempre se esta expuesto a ellas, que el corazón y mente son frágiles y fácil de envolver por ello la importancia de jamás soltarse de Dios, siempre teniendo esa comunicación con El que permite que se escuche su voz, que permite que la carne se sujete a El, que permite que nuestra mente y corazón sean de El, la necedad que esta en los corazones es la que hace creer que sabemos mas que Dios, que sabemos lo que es bueno para nosotros, pero reflexionemos en ¿Quién sabrá mas de nosotros si no es nuestro creador? Así con esta pregunta en la mente escuchemos a Dios y formemos, entrenemos y capacitemos a los hijos en El, para esto desde el momento que se desea un hijo se debe hablar con Dios, se debe hacer un plan de educación, donde se involucran los padres ya que la presencia de ambos en la formación y desarrollo del niño es fundamental, ya que ustedes son el ejemplo que ellos seguirán, son su base para cuando el sea padre, recuerden que todo es una cadena que va de generación en generación y cada generación es para ir mejorando, es para ir obteniendo mas de la mente de Dios, para buscar mayor relación con Dios y así cumplir sus estándares, El nos pide perfección y cada generación es una oportunidad de llegar a ella, tenemos el manual, solo nos falta actuar.

> *2 Timoteo 3:16-17: Escritura es inspirada por Dios y útil para enseñar, para reprender, para corregir, para instruir en justicia, a fin de que el hombre de Dios sea perfecto, equipado para toda buena obra.*
>
> *Versión LBLA*

Con este versículo en mente debemos de leer la biblia, buscando la instrucción para formar y enseñar a los instrumentos de Dios, a los futuros padres.

Antes de ser padres debemos prepararnos para ellos, la mayoría de los que ya son padres actualmente no tuvieron el ejemplo correcto de cómo serlo, pero aun es tiempo de corregirlo, aun es tiempo para aprender a serlo, aun es tiempo de aprender como enseñar, como corregir, como inculcar a Dios en los hijos, pero esto requiere de sacrificio, pero si usted ama a Dios y descansa en El entonces logrará cumplir con este propósito de formar instrumento de Dios.

En estos tiempo donde no hay una ley, donde todo es posible, se debe mas que nunca acercarnos a Dios y pedir su sabiduría para cada uno de los roles, en especial el de padres, para poder transmitir esta sabiduría en los hijos por que como dice en:

> *2 Timoteo 3:14-15 persiste en las cosas que has aprendido y de las cuales te convenciste, sabiendo de quiénes las has aprendido; y que desde la niñez has sabido las Sagradas Escrituras, las cuales te pueden dar la sabiduría que lleva a la salvación mediante la fe en Cristo Jesús.*
>
> *Versión LBLA*

"Lo que aprendemos de niños marca nuestra conducta como adultos"

Si los padres no son padres tendremos una sociedad degenerada y entre mas tiempo tarden en tomar su rol mas degeneración existirá, como hijos de Dios es nuestro debe actuar, es nuestro deber abrir los ojos a la gente, es nuestro deber ser ejemplos a seguir en todos los roles no olvidando que somos reflejo de Dios. Es mucha la labor pero es mucho mas grande la ayuda, si todo lo hacemos en Dios mas practico es el trabajo, dejemos que el actúe a través de nosotros, dejemos que haga su obra a través de nosotros, preocupémonos solamente por cumplir con el propósito que El ha dejado a cada uno de nosotros. Cada rol que El nos ha dado, tiene un fin, yo considero que uno de los roles de mayor relevancia es el de padres ya que su propósito es formar instrumento de Dios, esto solo se logra cumpliendo con las instrucciones que nos ha dejado y teniendo una relación con El, así que desde el momento en que Dios nos da la oportunidad de ser padres, debemos agradecerle y entrenarnos para cumplir con su propósito.

En la biblia vemos muchas historia de personas que fueron instrumentos de Dios, ya sea que creyeran en el o no, la mayoria de los que creyeron en El y los que le seguieron y/o enseño su palabra fueron perseguidos, encarcelados y algunos murieron de forma violenta y esto en muchos paises aun continua pero en otros como el nuestro tenemos la libertad de ir a iglesias, de predicar en cualquier lugar donde se quiera, aunque la mayoria de la veces los hijos sufren cierta violencia social donde sus compañeros se burlan de el por se cristiano o es un cristiano de closet para no sufrir de abusos pero esto ocurre por que cuando son pequeños no se les fundamenta en quienes son, en cual es su naturaleza, en que Dios es el fundamento y que el mundo a devaluado su verdadera naturaleza y que los que la conocen tienen el deber de regresarle su valor, tiene el deber de ser ejemplo para los que no la conocen, se debe enseñar a los hijos que cada uno de los que creen en Dios no importando la edad son reflejo de Dios, son ejemplo que lo que El desea, son instrumentos de Dios y que El se ha revelado a los que le creen para hacer la voluntad de El y que eso es un privilegio.

Cuestionario

Este formulario es una guía para conocer que tan alejado se encuentra el corazón de su hijo, para conocer que áreas debe trabajar ahora que es padre.

Formulario:

1. ¿su hijo voltea acude a su llamado?

   a) siempre
   b) a veces
   c) nunca

2. ¿a su hijo/a le gusta pasar rato con usted y su esposo/a?

   a) siempre
   b) a veces
   c) nunca

3. ¿conoce a la mayoría de los amigos de su hijo/a?

   a) si
   b) creo
   c) no

4. ¿sabe cual es la comida favorita de su hijo/a?

    a) si
    b) creo
    c) no

5. ¿conoce la actividad favorita de su hijo?

    a) si
    b) creo
    c) no

6. ¿sabe que tipo de música y el porque le gusta ese tipo de música a su hijo?

    a) si
    b) creo
    c) no

7. ¿su hijo imita conductas que observa fuera de casa?

    a) no
    b) a veces
    c) si

8. ¿Cuándo están en lugares públicos su hijo tiene a hacer berrinches?

    a) no
    b) a veces
    c) si

9. ¿usted tiende a perder el control y utilizar la
violencia cuando no puede controlar la conducta
de su hijo?

a) no
b) a veces
c) si

10.¿para no pasar vergüenzas publicas tiende a
acceder a las demandas de su hijo/a?

a) no
b) a veces
c) si

11.¿Qué tan seguido usa la violencia ya sea verbal
o física para controlar a su hijo/a?

a) ninguna vez
b) algunas veces
c) siempre

Resultado

Mayoría de "a" felicidades usted tiene un gran conocimiento de su hijo y esto le ayuda a saber que tácticas aplicar para formar a su hijo, continúe así no olvidando edificar el amor a Dios.

Mayoría de "b" debe ser mas paciente con su hijo y darse el tiempo para conocerlo, darse el tiempo para una comunicación con Dios, destine tiempo para escucharlo y escuchar a su hijo, para buscar nuevas tácticas para la formación de su hijo, no permita que su corazón se pierda.

Mayoría de "c" ha dejado pasar tiempo para capacitarse en el rol de padre, ahora es momento para dedicar un tiempo a este rol, dedique tiempo para escuchar a Dios, dedique tiempo para conocer a su hijo, dedique un tiempo con su pareja para hacer el plan de educación y formación de su hijo, aun esta a tiempo, no deje pasar mas tiempo, no permita que su orgullo le impida disfrutar el rol de padre y mucho menos el de hijo de Dios.

Conclusión

No permitan que la necedad los aleje de Dios, si tiene este libro en sus manos es por que Dios no quiere usted y sus hijos suelten su mano.

Jeremías 6:16 Así dice el SEÑOR: Paraos en los caminos y mirad, y preguntad por los senderos antiguos cuál es el buen camino, y andad por él; y hallaréis descanso para vuestras almas. Pero dijeron: "No andaremos en él.

2 Samuel 22:31 En cuanto a Dios, su camino es perfecto; acrisolada es la palabra del SEÑOR; El es escudo a todos los que a El se acogen.

Solo Dios sabe lo que es bueno para nosotros no permitamos que el mundo decida por nosotros mejor permitamos que Dios actúe a través de nosotros y tengamos el honor de ser sus espejos.